Klassisch, exotisch und süß

Raclette

Klassisch, exotisch und süß

Raclette

Herausgegeben von
Sabine Vonderstein

Bath · New York · Singapore · Hong Kong · Cologne · Delhi
Melbourne · Amsterdam · Johannesburg · Shenzhen

Anmerkung für den Leser:
Ein Teelöffel entspricht 5 ml, ein Esslöffel 15 ml. Soweit nicht anders angegeben, wird Vollmilch verwendet. Die Angaben zu Kartoffeln und Gemüse beziehen sich auf mittlere Größen. Pfeffer ist immer frisch gemahlen. Die Eier sind ebenfalls von mittlerer Größe und immer aus Freilandhaltung. Orangen und Zitronen sind unbehandelt, da die Schale häufig zum Aromatisieren verwendet wird.

Kinder, ältere Menschen, Schwangere, Kranke oder in Rekonvaleszenz befindliche Personen sollten auf Rezepte mit rohen oder leicht gegarten Eiern, auf rohen Fisch und rohe Meeresfrüchte sowie Erdnüsse oder Erdussprodukte verzichten.

Allergiker bitten wir zu beachten, dass einige Fertigprodukte, die in den Rezepten verwendet werden, allergene Bestandteile enthalten können und daher immer sorgfältig die Inhaltsstoffe der Produkte überprüft werden müssen. Bewahren Sie Lebensmittelreste immer im Kühlschrank auf und prüfen Sie sie vor ihrer Verwendung gewissenhaft auf ihre Verwertbarkeit. Verdorbene Lebensmittel dürfen auf keinen Fall verzehrt werden.

Alle Rezepte in diesem Buch wurden mit größtmöglicher Sorgfalt und Liebe zubereitet, verkostet und überprüft.

Copyright © Parragon Books Ltd
Parragon
Chartist House
15–17 Trim Street
Bath BA1 1HA, UK
www.parragon.com

Projektkoordination: Sabine Vonderstein, Köln
Vorwort & Lektorat: Juliane Steinbrecher, Köln
Design: Sabine Vonderstein, Köln
Fotografien: Jo Kirchherr, Köln
Foodstyling: Christoph Maurer, Düsseldorf
Fotostyling: Sabine Vonderstein, Köln
iStock: Hintergründe
Spitze: aus der Publikation „Lace", herausgegeben von The Pepin Press, www.pepinpress.com

ISBN: 978-1-78186-077-9

Printed in China

Inhalt

Vorwort

Der Legende nach entdeckte ein Senner aus den Walliser Alpen bereits vor 400 Jahren durch Zufall die Zubereitung des köstlichen „Bratchäs", als er seinen Käse am Kamin zu nah ans Feuer legte, dieser zu schmelzen begann und er ihn nicht mehr schneiden konnte, sondern mit einem Messer auf sein Brot schaben musste – so entstand das Schweizer Nationalgericht Raclette (*frz. racler = schaben*). Dem Namen nach wurde das Raclette allerdings erst im 20. Jahrhundert einer breiten Schweizer Öffentlichkeit bekannt, und zwar als Beilage zu Weinproben im Kanton Wallis.

Die gesellige Tradition und der köstliche Geschmack des Bratkäses machen das Raclette heute zu einem der beliebtesten Gerichte im Familien- und Freundeskreis. Vor allem in der kühleren Jahreszeit versammelt man sich gerne zu diesem köstlichen Essen und genießt die Wärme – und den Duft –, die von dem Raclettegerät ausgehen. Sowohl die traditionellen als auch die modernen Varianten des Raclettes bieten für Groß und Klein einen wahren Gaumenschmaus und das ideale Vergnügen eines ausgiebigen Mahls, bei dem Gastgeber und Gäste kreativ ihr eigenes Gericht zusammenstellen können.

Beim original Walliser Raclette beschränkt sich die Auswahl der Zutaten zum gut gereiften und gegrillten Käse auf Brot oder Kartoffeln, Gewürzgurken und Perlzwiebeln – und vielleicht noch ein paar Scheiben Bündner Fleisch. Als Getränk zum Essen wurde vielerorts Tee gereicht – oder natürlich ein kühler trockener Weißwein aus der Region. Wegen seiner großen Beliebtheit hat sich allerdings eine Vielfalt der Beilagen entwickelt, und der köstliche Raclette-Käse wird kombiniert mit Gemüse, Salat, Fleisch oder Fisch – und Bier – genossen.

Egal, ob Sie einen Käselaib in einem traditionellen Raclette-Ofen mit senkrechter Heizspirale einspannen und den gebräunten Käse nach und nach abschaben oder die bereits geschnittenen Scheiben in kleinen Pfännchen in einem modernen Raclettegerät portionsweise schmelzen: Die Variationsmöglichkeiten der Zutaten und der individuelle Genuss sind garantiert!

Durch die Kombination von Käsegrill und Bratplatte oder heißem Stein bieten die modernen Raclettegeräte die Möglichkeit, Gemüse-, Fisch und Fleischbeilagen direkt am Tisch zuzubereiten, wohingegen bei Verwendung des traditionellen Ofens die Beilagen separat vorgegart werden müssen.

Seine mittlerweile ganzjährige Beliebtheit – auch im Sommer kann man im Freien den Bratkäse genießen als Alternative zum Grillabend – verdankt das Raclette aber auch der Tatsache, dass sowohl Fleischliebhaber als auch Vegetarier bei diesem Essensspaß auf ihre Kosten kommen. Das erspart dem Gastgeber schwierige Menüentscheidungen und sorgt für das Wohlbefinden aller Gäste!

Im vorliegenden Band sind über 34 klassische und innovative Raclettevarianten zusammengestellt, die einen gelungenen Raclette-Abend garantieren. Lassen Sie sich inspirieren von traditionellen und ausgefallenen Kombinationen der Käsespezialität – zum Beispiel für Themenabende – und entdecken Sie neue leckere Gaumenfreuden!

Käsesorten

Neben dem original Raclette-Käse können Sie viele andere Schnitt-, Weich- oder Hartkäse verwenden. Die hier aufgeführten Käsesorten werden bei den vorgeschlagenen Menüs verwendet.

1. Raclette-Käse
Fein schmelzender, hellgelber Schnittkäse aus roher Kuhmilch; Reifezeit mindestens 3 Monate; Geschmack: mild-würzig, leicht säuerlich, aromatisch; Fettgehalt von 45–50%.

2. Blauschimmelkäse
Weichkäse aus roher Kuhmilch mit Edelpilz gereift; bekannteste Sorten: Gorgonzola (würzig-pikant), Bleu d'Auvergne (pikant nussig) und Roquefort (intensiv, leicht salzig); Fettgehalt 45–50%; schmilzt sehr gut.

3. Cheddar
Schnittkäse aus roher Kuhmilch mit intensiver Gelb- oder Orangefärbung; Geschmack: frisch, nussig, leicht scharf und süß (je nach Reifegrad: 9–24 Monate); Fettgehalt 48%; schmilzt sehr gut.

4. Camembert
Weichkäse aus Kuh-, Schafs- oder Ziegenmilch; Geschmack: mit zunehmender Reife kräftiger, pilzartig; Fettgehalt 45%; schmilzt sehr gut.

5. Ziegenkäse
Frisch- oder Weichkäse aus roher Ziegenmilch; verschiedene Geschmackstärken: mild-cremig, leicht säuerlich, pilzartig; Fettgehalt 40–50%; schmilzt sehr schnell und gut.

6. Munster oder Münsterkäse
Elsässer Rotschmier-Weichkäse aus roher Kuhmilch mit gelber Färbung; Geschmack: pikant, würzig aromatisch, leicht säuerlich, mit intensivem Geruch; Fettgehalt 45%; schmilzt gut.

7. Pecorino
Italienischer Hartkäse aus roher Schafmilch; Geschmack: kräftig, pikant; Fettgehalt 40–50%; schmilzt gut.

Harzer Käse oder Quargel
Sauermilchkäse aus Magerquark; Geschmack: mit zunehmender Reife kräftiger; Fettgehalt etwa 1%; schmilzt gut.

Bergkäse
Unterschiedliche Hartkäse aus roher Kuhmilch, hierzu gehören u. a.: Emmentaler (nussig aromatisch, fruchtig) Appenzeller (sehr würzig), Greyerzer (fein aromatisch); Fettgehalt 45–48%; schmilzt gut.

Gouda
Halbfester Schnittkäse aus Kuh- oder Ziegenmilch; Geschmack: fruchtig mit süßer Note, mild, mit zunehmender Reife würziger; Fettgehalt 40–45%; schmilzt sehr gut; Alternative zum würzigen Raclette-Käse und bei Kindern sehr beliebt.

Manchego
Spanischer Hartkäse aus Schafmilch; Geschmack: intensiv, leicht salzig; Fettgehalt 50%; schmilzt gut.

Mozzarella
Italienischer Knetkäse aus Büffel- oder Kuhmilch; Geschmack: frisch, leicht säuerlich mit süßer Note; Fettgehalt: mindestens 50%; schmilzt sehr gut.

1

Kartoffeln & Gemüse

Inzwischen gibt es wieder sehr viele alte Kartoffelsorten auf dem Markt. La Ratte, Bamberger Hörnchen, Violette Noir (auch Trüffelkartoffel genannt) oder Sieglinde – um nur einige zu nennen. Für das Raclette verwenden Sie am besten vorwiegend festkochende Kartoffeln. Der Variationsbreite von Gemüse sind beim Raclette kaum Grenzen gesetzt, allerdings müssen einige vorgegart werden.

Klassisches Raclette

Für dieses Originalgericht kann man jede vorwiegend festkochende Kartoffelsorte verwenden.

Zutaten
für 4 Personen

600 g Kartoffeln
Salz
1 kg Raclette-Käse
  in Scheiben
Pfeffer
380 g Perlzwiebeln
370 g Cornichons

Nach Belieben:
200 g Bündner Fleisch
  oder
200 g geräucherter oder
  roher Schinken

1. Die Kartoffeln sauber waschen und bürsten, dann mit der Schale etwa 20 Minuten in Salzwasser kochen.

2. Das Raclettegerät anheizen. Die Kartoffeln geschält oder ungeschält auf der Grillplatte des Raclettegeräts oder in einem mit einem Küchentuch abgedeckten Korb warm halten.

3. Den Käse ohne Rinde in die Pfännchen legen und nach Belieben mit Pfeffer bestreuen. Den Käse etwa 3–4 Minuten schmelzen (nicht bräunen) und dann mit dem Holzspatel aus dem Pfännchen über die Kartoffeln auf den Teller schaben.

4. Zusammen mit Perlzwiebeln und Cornichons – und wer möchte auch mit Bündner Fleisch oder Schinken – servieren.

Tipp:
Dazu schmeckt ein Fendant aus dem Wallis oder ein Badischer Müller-Thurgau. Und nach dem Essen ein Gläschen Kirschwasser ...
Die klassische Variante lässt sich sehr gut mit anderen Raclette-Gerichten kombinieren oder ergänzen (s. S. 95), zum Beispiel mit Gefüllten Champignons (S. 28), Schweinesteaks mit Käsebrotkruste (S. 52), Gratinierten Kabeljaufilet-Würfeln (s. S. 68) oder auch mit Birne & Schokolade (S. 78) zum Nachtisch.

Tacos mit Tomaten-Salsa

Das ideale und schnelle Gericht für ein gelungenes Kinder-Raclette.

1. Für die Salsa die Tomaten in heißes Wasser legen. Nach etwa 10 Minuten herausnehmen und mit der Messerspitze die Tomatenhaut anritzen und häuten. Das Tomaten, halbieren, entkernen, würfeln und in einen Topf geben.

2. Die Chili entkernen, waschen und klein hacken. Die Schalotten schälen, mit den Gurken klein würfeln und zusammen mit der Chili zu den Tomaten geben. Mit Honig, Zitronensaft, Salz und Pfeffer abschmecken und etwa 1½ Stunden einkochen.

3. Das Raclettegerät anheizen. Den Cheddar in Scheiben schneiden. Taco-Chips in die Pfännchen verteilen und mit je einer Scheibe Käse überbacken. Für etwas mehr Schärfe klein geschnittene Peperoni oder Jalapeño auf dem Käse verteilen.

Tipp:
Die Tacos lassen sich sehr gut mit Gemüse-Chips (S. 18) oder mit Hackfleischfüllung (S. 44) kombinieren.

**Zutaten
für 4 Personen**

1 Tüte Taco-Chips
150 g Cheddar

Für die Tomaten-Salsa:
4 Tomaten
1 Chili
2 kleine Schalotten
3 Gewürzgurken
1 TL Honig
Saft von 1 Zitrone
Salz und Pfeffer

Nach Belieben:
1 grüne Peperoni
 oder 1 Jalapeño

Bunte Gemüse-Chips mit Käse

Ein farbenfrohes Gemüse-Raclette, nicht nur für Vegetarier!

Zutaten
für 4 Personen

300 g blaue Kartoffeln
(Trüffelkartoffeln)
300 g braune Kartoffeln
2 orange Karotten
2 blaue Karotten
2 gelbe Karotten
2 Pastinaken
3 Rote Bete
1½ l Sonnenblumenöl,
zum Frittieren
Salz und Pfeffer
150 g Cheddar oder
anderer Käse

Nach Belieben:
2 grüne Peperoni
oder 1 Jalapeño

Für den Quark-Dip:
400 g Quark
2 EL Mayonnaise
Milch, zum Verdünnen
1 Bund frische Kräuter
nach Wahl
2 Schalotten
1 Knoblauchzehe
Salz und Pfeffer

1. Die Kartoffeln waschen und mit Schale in sehr dünne Scheiben hobeln. Die Scheiben in eine Schale mit Wasser legen, während das andere Gemüse weiterverarbeitet wird.

2. Karotten, Pastinaken und Rote Bete schälen und der Länge nach in dünne Scheiben hobeln. Generell gilt: Je dünner die Gemüsescheiben sind, desto knuspriger werden sie. Vor dem Frittieren das Gemüse mit Küchenpapier trocken tupfen.

3. In einem großen Topf das Sonnenblumenöl erhitzen. Die Gemüsescheiben einzeln nach Sorte frittieren, bis sie schön knusprig sind. Die fertigen Gemüse-Chips auf Küchenpapier abtropfen lassen und mit Salz bestreuen.

4. Für den Dip Quark mit Mayonnaise verrühren und mit etwas Milch verdünnen. Die Kräuter waschen und hacken, die Schalotten schälen und klein würfeln und den Knoblauch durch eine Knoblauchpresse drücken. Alle Zutaten unter den Quark rühren. Zum Schluss mit Salz und Pfeffer abschmecken.

5. Das Raclettegerät anheizen. Den Cheddar in Scheiben schneiden. Die Gemüse-Chips auf die Pfännchen verteilen und mit Käse überbacken. Oder aber den Käse alleine im Pfännchen schmelzen und mit einem Holzspatel auf den Teller mit den Chips schaben. Dazu den Quark-Dip servieren.

Tipp:
Die Gemüse-Chips schmecken kalt auch noch ein paar Tage später gut. Sie lassen sich zum Kinder-Raclette, zum mediterranen und zum exotischen Raclette reichen (s. S. 92 u. 94).

Blätterteig-Nester mediterran

Die kleinen Blätterteig-Pizzen passen ausgezeichnet zu einem mediterranen Raclette-Abend.

1. Die Blätterteigplatten auftauen lassen und für die Pfännchen passend in Vierecke schneiden. Diese in die Pfännchen legen. Für den Rand jeweils vier dünne Streifen schneiden, mit Eigelb bestreichen und auf die Teigränder drücken.

2. Für den Dip die Mayonnaise zubereiten (s. S. 91), aber anstatt mit Limettensaft mit fein gehacktem Thymian abschmecken.

3. Die Paprika waschen und häuten (s. S. 22). Zucchini und Aubergine waschen, in Scheiben schneiden, mit Salz bestreuen. Nach 10 Minuten die ausgetretene Feuchtigkeit mit Küchenpapier abtupfen.

4. Das Raclettegerät anheizen. Den Blätterteigboden mit Eigelb bestreichen und mit einer Gabel den Teig einstechen. Dann die Pfännchen für etwa 5 Minuten auf die Grillplatte stellen, damit der Teig Unterhitze bekommt.

5. Die Oliven klein hacken und jeweils etwa 1 Esslöffel davon auf dem Blätterteig verteilen. Das Gemüse mit Olivenöl von beiden Seiten bestreichen, auf die Grillplatte legen und beidseitig grillen. Nach Bedarf mit Pfeffer würzen.

6. Den vorgebackenen Blätterteig in den Pfännchen nach Belieben mit Gemüse belegen. Den Ziegenkäse über das Gemüse verteilen. Mit Salz und Pfeffer würzen und überbacken. Nach Belieben mit Kapernäpfeln servieren.

Zutaten
für 4 Personen

500 g Blätterteig (6 Platten), Tiefkühlware
1 Eigelb

Für den Belag:
2 rote Paprika
2 kleine Zucchini
1 Aubergine
Salz
120 g schwarze Oliven, entsteint
Olivenöl, zum Bestreichen
Pfeffer
4 Stück Ziegenfrischkäse

Nach Belieben:
150 g Kapernäpfel aus dem Glas

Für den Mayonnaise-Dip:
300 ml Mayonnaise (s. S. 91)
1 frischer Zweig Thymian

Paprika, Aubergine & Ziegenkäse

Erfrischend mediterran und schmeckt zur jeder Jahreszeit!

Zutaten
für 4 Personen

1 Aubergine
Salz und Pfeffer
3 rote Paprika
4 Stück Ziegenfrischkäse
Olivenöl, zum Bestreichen
50 g Walnüsse

Für die Vinaigrette:
4 EL Balsamico-Essig
Salz und Pfeffer
Zucker oder Honig,
   zum Abschmecken
6 EL Olivenöl

1. Die beiden Enden der Aubergine abschneiden. Die Aubergine waschen und in dünne Scheiben schneiden. Beidseitig mit Salz bestreuen und nach etwa 30 Minuten die austretende Feuchtigkeit mit Küchenpapier abtupfen.

2. Für die Vinaigrette den Essig mit Salz und Pfeffer verrühren. Mit Zucker oder Honig abschmecken. Das Öl kräftig unterrühren, bis sich alles miteinander verbunden hat.

3. Die Paprika waschen und bei 220 °C für 10–15 Minuten im Backofen garen. Die Paprika sind fertig, wenn die Haut dunkel zu werden beginnt und sich vom Fleisch löst. Die Paprika kurz abkühlen lassen, vierteln, die Haut abziehen, die Kerne entfernen und in Streifen schneiden.

4. Das Raclettegerät anheizen. Die Auberginenscheiben mit Olivenöl bestreichen und von beiden Seiten auf der Grillplatte grillen.

5. Auberginenscheiben und Paprikastreifen auf die Pfännchen legen, mit Salz und Pfeffer würzen und den Ziegenkäse darübergeben. Unter den Grill schieben und grillen, bis der Käse geschmolzen ist.

6. Das gratinierte Gemüse mit dem Holzspatel auf den Teller schaben und mit der Vinaigrette beträufeln. Die Walnüsse kurz auf der Grillplatte rösten und zerhackt über das Gemüse streuen.

Überbackene Kartoffel-Tortilla

Passt zu einem mediterranen Raclette-Abend oder ergänzend zum Klassischen Raclette.

1. Die Kartoffeln waschen und in Salzwasser etwa 20 Minuten kochen. Abgießen, schälen und in Scheiben schneiden.

2. Für den Dip Sauerrahm und Quark miteinander verrühren. Falls der Quark nicht cremig genug ist, etwas Mineralwasser oder Olivenöl dazugeben. Frühlingszwiebeln, Kräuter und Knoblauchzehe waschen, putzen und schälen, dann klein hacken und alles unter den Quark rühren. Nach Geschmack mit Senf, Salz und Pfeffer würzen.

3. Die Zwiebel schälen und zusammen mit der gehäuteten Paprika (s. S. 22) in kleine Streifen schneiden. Mit den Kartoffelscheiben in die Pfännchen verteilen, darüber die Butter geben und nach Bedarf mit Salz und Pfeffer würzen.

4. Das Raclettegerät anheizen. Die Eier mit Sahne, Salz und Pfeffer verquirlen und über die Kartoffeln geben. Kurz unter die Grillplatte schieben, bis das Ei etwas gestockt ist.

5. Den Raclette-Käse in Scheiben schneiden. Die Tortilla mit einer Scheibe Käse belegen. Erneut unter die Grillplatte schieben, bis der Käse geschmolzen ist. Mit gehackter Petersilie oder Schnittlauch garnieren.

Tipp:
Die Tortillas lassen sich für ein mediterranes Raclette-Menü auch sehr gut mit Lammfrikadellen (S. 54) oder mit Chorizo (S. 42) kombinieren.

Zutaten für 4 Personen

300 g Kartoffeln
1 große Zwiebel
1 rote Paprika
20 g Butter
Salz und Pfeffer
8 Eier
20 g Sahne
250 g Raclette-Käse
frisch gehackte Petersilie
    oder Schnittlauch,
    zum Garnieren

Für den Frühlings-zwiebel-Dip:

200 g Sauerrahm
100 g Magerquark
4 Frühlingszwiebeln
1 Bund frische Petersilie,
    Schnittlauch oder
    andere frische Kräuter
½ Knoblauchzehe
1 TL Senf
Salz und Pfeffer

Gratinierter Chicorée & Feigen

Die ideale fruchtige Ergänzung zum exotischen und mediterranen Raclette.

Zutaten
für 4 Personen

4 Chicorée
1 EL Zucker
2 EL Butter
1 EL Olivenöl
Saft und Zesten von
    4 Orangen
Salz und Pfeffer
4 Feigen
4 Stück Ziegenkäse

Beilage:
geröstetes Brot (s. S. 46)

1. Den Chicorée putzen, waschen und halbieren. Den Strunk entfernen und nochmals halbieren. Die Feigen waschen und ebenfalls halbieren.

2. Den Zucker in einer Pfanne leicht karamellisieren. Den Chicorée mit einem 1 Esslöffel Butter und dem Olivenöl in die Pfanne legen. Mit der Hälfte des frisch gepressten Safts der Orangen ablöschen und die Zesten einer halben Orange beigeben.

3. Den Chicorée etwa 5 Minuten schmoren lassen. Mit Salz und Pfeffer würzen und wenden. Die halbierten Feigen hinzugeben und weitere 3 Minuten schmoren.

4. Das Raclettegerät anheizen. Chicorée und Feigen aus der Pfanne nehmen und auf die Pfännchen verteilen. Mit dem Ziegenkäse belegen und unter den Grill schieben.

5. Den verbliebenen Orangensaft in der Pfanne mit der restlichen kalten Butter abbinden. Die gratinierten Chicorée und die Feigen mit dem Käse auf einem Teller anrichten und mit dem Orangensud beträufeln. Mit geröstetem Brot servieren.

Tipp:
Der gratinierte Chicorée lässt sich sehr schmackhaft mit Lammfrikadellen (S. 54) oder Lachswürfeln (S. 66) kombinieren.

Gefüllte Champignons

Nicht nur für Pilzfans: die schmackhafte Ergänzung zu vielen anderen Raclette-Gerichten!

1. Die Champignons mit einer Pilzbürste oder mit Küchenpapier säubern. Die Stiele aus den Köpfen lösen. Den Blattspinat verlesen und waschen.

2. Die Schalotten schälen und klein würfeln und die Rosinen kurz in Wasser einweichen. Pinienkerne und Schalotten in einer Pfanne kurz in etwas Butter andünsten, dann Blattspinat und Rosinen hinzugeben. Mit Salz und Pfeffer abschmecken und dünsten, bis der Spinat eingefallen ist.

3. Das Raclettegerät anheizen. Den Pecorino reiben und in eine Schale füllen. Die Speckscheiben auf der heißen Grillplatte anbraten und danach in Streifen schneiden.

4. Etwas Butter in die Pfännchen geben, je eine Butterflocke in die Champignonköpfe geben und diese in die Pfännchen legen. Die Champignons etwa 5 Minuten unter dem Grill vorgaren, herausnehmen und mit der Spinatmasse sowie dem gebratenen Speck befüllen.

5. Je nach Belieben den geriebenen Pecorino oder den Ziegenfrischkäse über die gefüllten Champignons geben und unter dem Grill gratinieren. Mit geröstetem Brot servieren.

**Zutaten
für 4 Personen**

8 große Champignons
300 g junger Blattspinat
2 kleine Schalotten
2 EL Rosinen
2 EL Pinienkerne
Salz und Pfeffer
3 EL Butter, zum Braten
150 g Pecorino
8 Scheiben Frühstücksspeck
4 Stück Ziegenfrischkäse

Beilage:
geröstetes Brot (s. S. 46)

Tipp:
Für dieses Rezept können natürlich auch andere Pilze verwendet werden. Größere Pilzarten – zum Beispiel Stein- oder Austernpilze – in Scheiben schneiden, auf der Grillplatte in etwas Butter kurz vorgaren und dann mit dem Spinat in die Pfännchen schichten.

Exotisches Gemüse mit Joghurt

Für Vegetarier ein Hochgenuss, schmeckt aber auch gut zu Fisch oder Fleisch.

Zutaten
für 4 Personen

3 Karotten
100 g Zuckererbsen
1 Zucchini
100 g Babymaiskolben
2 kleine Zwiebeln
2 Selleriestangen
1 Chili
20 g Ingwerwurzel
2 Knoblauchzehen
2 EL Erdnussöl
150 g Bohnensprossen
4 EL Sojasauce
1 TL Curry
1 TL brauner Zucker
1 EL Sesamöl
Saft von ½ Limette
1 kleines Bund
   frischer Koriander

Für den Joghurt-Dip:

50 g Erdnüsse
250 g Joghurt
100 g Sahne
Saft von 1 Zitrone
1 TL Curry
Salz und Pfeffer
1 EL Rosinen

1. Die Karotten schälen und in feine Stifte schneiden. Die Zuckererbsen in Streifen schneiden. Die Zucchini waschen und in Würfel schneiden. Die Babymaiskolben halbieren, die Zwiebeln schälen und in feine Scheiben und die Selleriestangen in kleine Stücke schneiden. Die Chili entkernen und zusammen mit Ingwer und Knoblauch klein hacken.

2. Für den Dip die Erdnüsse hacken und kurz anrösten. Den Joghurt mit Sahne und Zitronensaft verrühren. Mit Curry, Salz und Pfeffer abschmecken und die Hälfte der gerösteten Erdnüsse sowie Rosinen untermischen.

3. Das Raclettegerät anheizen. Gemüse sowie Knoblauch, Chili und Ingwer mit dem Erdnussöl etwa 5 Minuten auf der Grillplatte rösten, dabei hin- und wieder wenden. Zum Ende der Garzeit die gewaschenen Sprossen zugeben und mit der Sojasauce ablöschen. Mit Curry, Zucker, Sesamöl und Limettensaft würzen und abschmecken.

4. Das Gemüse auf einem Teller anrichten und mit Koriander sowie den übriggebliebenen gerösteten Erdnüsse bestreuen.

Tipp:

In den Pfännchen können Sie separat und zusätzlich Ziegenkäse schmelzen und ihn über das fertige Gemüse schaben.
Dieses Gemüse sollte fester Bestandteil eines Exotischen Raclette-Abends sein und lässt sich sehr gut kombinieren mit Curryhuhn (S. 58) oder Lachswürfeln (S. 66).

Gratinierter Blumenkohl & Romanesco

Die Vielfalt von Kohl kann man bei diesem Gericht ausgiebig genossen werden!

1. Blumenkohl- und Romanescoröschen waschen und in gesalzenem Wasser blanchieren, kalt abschrecken und gut abtropfen lassen.

2. Für die Béchamelsauce zum Gratinieren des Blumenkohls die Butter im Topf zerlassen und das Mehl einrühren. Unter ständigem Rühren hellgelb anschwitzen und nach und nach die Milch zugießen. Die Mischung bei schwacher Hitze 10 Minuten köcheln lassen und dabei immer wieder umrühren.

3. Den Bergkäse reiben. Sahne und Käse sowie Saft und Schale der Orange in die Béchamelsauce einrühren. Mit Salz, Pfeffer und Muskatnuss abschmecken.

4. Das Raclettegerät anheizen. Für das Romanescogratin den Speck in dünne Stifte schneiden und kurz auf der Grillplatte anschwitzen lassen. Im ausgetretenen Fett kurz die Salbeiblätter wenden und mit dem Speck beiseitelegen. Das halbe Brötchen zerbröseln und im verbliebenem Fett anrösten.

5. Das Gemüse getrennt in die Pfännchen legen. Etwas Béchamelsauce über die Blumenkohlröschen geben. Den Münsterkäse in Stücke schneiden und mit Speck sowie Salbei über den Romanesco geben. Mit Salz und Pfeffer würzen.

6. Die Pfännchen unter den Grill stellen und gratinieren. Die Mandelblättchen in etwas Butter anrösten. Vor dem Servieren über den Blumekohl die Mandelblättchen und über den Romanesco die gerösteten Brösel streuen.

Zutaten
für 4 Personen

Für das Blumenkohlgratin:
300 g Blumenkohlröschen
1 EL Butter, plus etwas
    mehr zum Braten
1 EL Mehl
250 ml Milch
80 g Bergkäse
80 g Sahne
Saft und abgeriebene
    Schale von 1 Bio-Orange
Salz und Pfeffer
1 Prise frisch geriebene
    Muskatnuss
20 g Mandelblättchen

Für das Romanescogratin:
300 g Romanescoröschen
100 g Speck
8 frische Salbeiblätter
½ trockenes Brötchen
80 g Münsterkäse
Salz und Pfeffer

Schwarzwurzeln & Harzer Käse

Ein altes deutsches Gemüse erlebt sein Comeback bei dieser herzhaften Raclettevariante.

Zutaten
für 4 Personen

500 g Schwarzwurzeln
1 EL Essig oder
    Saft von 1 Zitrone
3 Karotten
½ Selleriestange
8 Scheiben Frühstücksspeck
2 Scheiben Schwarzbrot
1 EL Butter, zum Braten
2 EL Olivenöl
4 Harzer Käse
Salz und Pfeffer
½ TL Kümmel

Beilage:
Feldsalat (s. S. 88)

1. Die Schwarzwurzeln unter fließendem Wasser gründlich abbürsten. Dabei Küchenhandschuhe anziehen, denn die Schwarzwurzeln färben ab – schwarz natürlich! Anschließend schälen, in 5–10 cm lange Stücke schneiden und in Essig- oder Zitronenwasser legen, damit sie nicht braun werden. Die Karotten schälen und zusammen mit dem Stangensellerie in ebenso lange Stifte schneiden.

2. Das Raclettegerät anheizen. Den Speck auf der Grillplatte von beiden Seiten rösten. Das Schwarzbrot in Würfel schneiden und mit der Butter in dem austretenden Fett des Specks rösten.

3. Die Schwarzwurzeln in Salzwasser etwa 3–4 Minuten blanchieren und in kaltem Wasser abschrecken, gut abtropfen. Das Gemüse mit dem Olivenöl von allen Seiten auf der Grillplatte rösten.

4. Den Harzer Käse in die Pfännchen legen und unter dem Grill schmelzen.

5. Das fertige Gemüse mit Salz, Pfeffer und Kümmel abschmecken und auf den Tellern mit den Schwarzbrotcroûtons anrichten. Mit dem Holzspatel den geschmolzenen Käse aus dem Pfännchen über das Gemüse schaben.

Quesadillas mit Avocado-Dip

Schnell und lecker, für einen Mediterranen Raclette-Abend oder für ein Kinder-Raclette sehr geeignet.

1. Für den Dip die Avocados halbieren, den Kern entfernen und mit einem Löffel das Fruchtfleisch herauslösen. Das Fruchtfleisch mit einer Gabel zerdrücken. Die Tomate waschen, halbieren, entkernen und in Würfel schneiden. Die Frühlingszwiebeln in feine Ringe schneiden. Nun beides zur zerdrückten Avocado geben und mit Salz, Pfeffer, Limettensaft und Olivenöl abschmecken.

2. Für die Spinat-Quesadillas den Blattspinat verlesen und waschen Die Schalotte schälen und klein hacken und den Cheddar reiben. Spinat mit Schalotten kurz in der Butter andünsten. Tomatenwürfel sowie Käse hinzufügen und mit Salz und Pfeffer abschmecken. Die Spinatmasse zwischen zwei Tortillas legen.

3. Für die Schinken-Quesadillas den gekochten Schinken in Streifen schneiden, den Mozzarella würfeln und die Frühlingszwiebeln in feine Ringe schneiden. Die Zutaten vermengen, mit Salz und Pfeffer würzen und zwischen zwei Tortillas legen.

4. Das Raclettegerät anheizen. Die gefüllten Quesadillas auf die Grillplatte legen und von beiden Seiten jeweils 5 Minuten rösten, bis der Käse zu schmelzen beginnt. Die Limette in Spalten schneiden. Die Quesadillas von der Grillplatte nehmen, in Viertel schneiden, mit dem Limettensaft beträufeln und mit dem Avocado-Dip auf einem Teller anrichten.

Tipp:
In den Pfännchen können Sie separat und zusätzlich Cheddar-Scheiben schmelzen und sie über die fertigen Quesadillas schaben.

Zutaten
für 4 Personen

300 g kleine Weizen-Tortillas
  (8 Stück)

Für die Füllung:
300 g junger Blattspinat
1 Schalotte
150 g Cheddar
1 EL Butter
80 g gewürfelte Tomaten,
  aus der Dose
Salz und Pfeffer
8 Scheiben gekochten Schinken
250 g Mozzarella
1 Bund Frühlingszwiebeln
1 Limette

Für den Avocado-Dip:
2 vollreife Avocados
1 Tomate
2 Frühlingszwiebeln
Salz und Pfeffer
Saft von ½ Limette
1 EL Olivenöl

Maultaschen-Raclette
mit Röstzwiebeln

Kinder lieben dieses Gericht, und es benötigt wenig Vorbereitungszeit.

Zutaten
für 4 Personen

480 g Maultaschen,
   (8 Stück)
3 Zwiebeln
4 EL Mehl
1 TL Paprikapulver
150 ml Sonnenblumenöl
1 EL Olivenöl,
   zum Einfetten
4 Frühlingszwiebeln
150 g Emmentaler
Salz und Pfeffer

Beilage:
Brunnenkressesalat (s. S. 88)

1. Die Maultaschen etwa 10 Minuten in Salzwasser köcheln.

2. Die Zwiebeln schälen und in Ringe schneiden. Mehl und Paprikapulver mischen und die Zwiebelringe darin wälzen. Mehl leicht abschütteln. In einer Pfanne das Sonnenblumenöl erhitzen. Die Zwiebelringe im heißen Öl goldbraun ausbacken.

3. Das Raclettegerät anheizen und die Grillplatte mit dem Olivenöl bestreichen. Die Frühlingszwiebeln putzen und der Länge nach halbieren. Die Maultaschen in 1 cm dicke Scheiben schneiden und mit den Frühlingszwiebeln auf der Grillplatte von beiden Seiten kurz anbraten.

4. Den Emmentaler in Scheiben schneiden. Frühlingszwiebeln und Maultaschen in die Pfännchen legen, mit Käse belegen und unter den Grill schieben.

5. Die überbackenen Maultaschen mit dem Holzspatel auf den Teller schaben, mit Zwiebelringen bestreuen und zusammen mit einem Brunnenkressesalat servieren.

Tipp:
Auch andere Nudeln, die zum Beispiel vom Vortag übriggeblieben sind, können verwendet werden – ob im Pfännchen mit Käse überbacken oder auf der Grillplatte in Butter geröstet, bis sie knusprig sind.

Fleisch, Geflügel & Fisch

Die Kombination von Fleisch oder Fisch mit
geschmolzenem Käse und gratiniertem Gemüse
sorgt für wahre Gaumenfreuden.
Aromatisch und mundgerecht lassen sich Fleisch und
Fisch direkt auf der Grillplatte oder dem heißen Stein
je nach Geschmack zubereiten – und anschließend
mit Käse verfeinern ...

Chorizo mit Aioli

Chorizo sollte als spanische Spezialität beim Mediterranen Raclette auf keinen Fall fehlen.

Zutaten
für 4 Personen

400 g Kartoffeln
1 EL Olivenöl,
   zum Einfetten
4 Chorizo à 100 g
4 kleine rote Zwiebeln
4 grüne Peperoni
80 g Raclette-Käse
80 g Manchego

Für die Aioli:

5 Knoblauchzehen
3 Eigelb
1 EL scharfer Senf
Salz und weißer Pfeffer
250 ml Olivenöl
½ EL Saft von 1 Zitrone

1. Für die Aioli müssen alle Zutaten Zimmertemperatur haben. Den Knoblauch schälen und durch die Knoblauchpresse drücken. Das Eigelb mit Knoblauch, Senf, Salz und Pfeffer in einer Schüssel gut miteinander verrühren. Das Olivenöl zunächst tropfenweise, dann in größeren Portionen unter ständigem Rühren zufügen. Jede Ölzugabe muss vollständig von der Sauce aufgenommen werden, bevor man weiteres Öl hineinrührt. Zum Schluss den Zitronensaft unterrühren.

2. Die Kartoffeln in Salzwasser etwa 20 Minuten kochen. Anschließend abgießen, schälen und halbieren.

3. Das Raclettegerät anheizen und die Grillplatte mit dem Olivenöl bestreichen. Die Chorizo der Länge nach halbieren und zusammen mit halbierten Kartoffel, rohen, aber geschälten Zwiebeln und Peperoni beidseitig auf der Grillplatte braten.

4. Den Käse in Scheiben schneiden. Wurst und Kartoffeln in die Pfännchen legen, mit Raclette-Käse und Manchego belegen und unter dem Grill gratinieren.

5. Mit dem Holzspatel aus dem Pfännchen auf den Teller schaben und mit Peperoni, Zwiebeln und der Aioli servieren.

Tipp:
Wem die Chorizo zu würzig ist, der kann auch eine andere luftgetrocknete Wurstsorte verwenden. Die Chorizo lässt sich sehr gut mit Tacos mit Tomaten-Salsa (s. S. 16) und dem Paprika-Auberginen-Gemüse (s. S. 22) kombinieren.

Hackfleisch-Kartoffel-Gratin

Diese aromatische Raclettevariante ist besonders beliebt bei Kindern.

1. Für die Hackfleischfüllung Zwiebeln und Karotten schälen und in kleine Würfel schneiden. Den Knoblauch schälen und fein hacken. Das Hackfleisch zusammen mit den Zwiebeln, den Karotten und dem Knoblauch in etwas Öl anbraten. Tomatenmark, Lorbeerblatt und gewürfelte Tomaten unterrühren. Etwa 30 Minuten köcheln lassen. Die fertige Hackfleischfüllung mit Salz und Pfeffer abschmecken.

2. In der Zwischenzeit die Kartoffeln weich kochen, heiß schälen und mit einer Gabel zerdrücken. Die Butter unterheben und mit Salz, Pfeffer und Muskatnuss abschmecken.

3. Das Raclettegerät anheizen. Die Pfännchen mit Hackfleischfüllung füllen, den Kartoffelbrei darübergeben, mit Raclette-Käse belegen und unter den Grill schieben, bis der Käse geschmolzen und gebräunt ist.

4. Das Gratin in den Pfännchen servieren, dazu einen Salat reichen.

Tipp:
Nicht nur beim Kinder-Raclette oder beim Mediterranen Raclette-Abend ist die Hackfleischfüllung eine gute Ergänzung zu Tacos mit Tomaten-Salsa (s. S. 16), zu Gemüse-Chips (s. S. 18) oder auch zum Klassischen Raclette (s. S. 14).

Zutaten
für 4 Personen

Für den Kartoffelbrei:
4 mehlig kochende
   Kartoffeln
2 EL Butter
Salz und Pfeffer
1 Prise frisch geriebene
   Muskatnuss
8 Scheiben Raclette-Käse

Für die Hackfleischfüllung:
2 Zwiebeln
2 Karotten
300 g Rinderhackfleisch
1 Knoblauchzehe
Öl, zum Braten
2 EL Tomatenmark
1 Lorbeerblatt
300 g gewürfelte Tomaten,
   aus der Dose
Salz und Pfeffer

Beilage:
Gemischter Salat (s. S. 89)

Gratinierter Schinken mit grünem Spargel

Einfach und schnell. Vegetarier verzichten einfach auf den Schinken.

Zutaten
für 4 Personen

1 Bund junger,
   grüner Spargel
Salz
1 Prise Zucker
150 g Raclette-Käse
1 Baguette
4 EL Olivenöl,
   zum Braten
8 Scheiben
   Serrano-Schinken

Für den Joghurt-Dip:

1 Bund frischer Schnittlauch
250 g Joghurt
100 g Sahne
Saft von 1 Zitrone
Salz und Pfeffer

1. Den Spargel in Salzwasser mit einer Prise Zucker kurz blanchieren und in Eiswasser abschrecken. Das Baguette und den Raclette-Käse in Scheiben schneiden.

2. Für den Joghurt-Dip den Schnittlauch waschen und klein hacken. Den Joghurt mit Sahne und Zitronensaft verrühren. Mit Salz und Pfeffer abschmecken und die Schnittlauchstücke untermischen.

3. Das Raclettegerät anheizen. Den Spargel mit etwas von dem Olivenöl bestreichen und kurz auf der Grillplatte braten. Die Brotscheiben ebenfalls mit Öl bestreichen und von beiden Seiten auf der Grillplatte rösten.

4. Das geröstete Brot in die Pfännchen legen, mit etwas Spargel, Schinken und Raclette-Käse belegen. Die Pfännchen unter den Grill schieben bis der Käse geschmolzen ist. Falls Sie ein traditionelles Raclettegerät haben, kann alles auf dem Teller angerichtet und der geschmolzene Käse mit dem Schaber über den Schinken und Spargel geschabt werden.

Tipp:
Schinken mit Spargel ist eine leckere saisonale Ergänzung zum Klassischen Raclette (s. S. 14) und kann gut kombiniert werden mit den Gemüse-Chips (s. S. 18).

Rührei, Speck und Champignons

Raclette mal zum Sonntagsfrühstück oder zum Brunch, der sich über den ganzen Tag erstreckt …

1. Die Champignons mit einer Pilzbürste oder mit Küchenpapier säubern und je nach Größe halbieren oder vierteln. Die Eier mit Sahne, Salz und Pfeffer würzen und mit der gehackten Petersilie verquirlen. Den Käse in kleine Würfel schneiden und unter die Eiermasse rühren.

2. Das Raclettegerät anheizen. Die heiße Grillplatte mit dem Öl bestreichen, darauf Champignons und Speck anbraten.

3. Die Pfännchen mit der Eiermasse füllen und unter den Grill schieben, immer wieder das Ei mit dem Holzschaber vom Pfännchenboden lösen bis alles fest geworden ist.

4. Alternativ kann auf der heißen Grillplatte ein Omelett zubereitet werden. Dafür im Pfännchen den Käse schmelzen und über das Omelett schaben.

5. Das Rührei auf einen Teller geben und mit warmem Speck und Champignons servieren; dazu geröstetes Brot reichen.

Tipp:
Rührei ist sehr beliebt bei Kindern und passt deshalb gut zum Kinder-Raclette (s. S. 93). Es kann außerdem mit vielen anderen Raclettevarianten kombiniert werden, zum Beispiel Klassischem Raclette (s. S. 14), Gefüllten Champignons (s. S. 28) oder Gratiniertem Chicorée (s. S. 26).

Zutaten
für 4 Personen

200 g Champignons
8 Eier
50 g Sahne
Salz und Pfeffer
1 kleines Bund frischer
  Petersilie, gehackt
100 g junger Gouda
  oder Butterkäse
8 Scheiben Frühstücksspeck
1 EL Öl, zum Braten

Beilage:
geröstetes Brot (s. S. 46)

Leberwurstbrot
& Raclette-Käse

Als rustikale Raclettevariante ideal für ein einfaches und schnelles Abendbrot.

Zutaten
für 4 Personen

8 Scheiben Roggen- oder
   Schwarzbrot
1 EL Öl, zum Braten
¼ Salatgurke
400 g Leberwurst
Salz und Pfeffer
4 Scheiben Raclette-Käse

Beilage:
Brunnenkressesalat (s. S. 88)

1. Das Raclettegerät anheizen. Das Roggenbrot in für die Pfännchen passende Stücke schneiden. Von beiden Seiten mit dem Öl bestreichen und auf der Grillplatte beidseitig rösten.

2. Die Salatgurke waschen und in dünne Scheiben schneiden. Das geröstete Brot dick mit der Leberwurst bestreichen, in die Pfännchen legen, mit zwei Scheiben Salatgurke belegen und mit Salz und Pfeffer würzen.

3. Den Raclette-Käse über das belegte Brot im Pfännchen legen und unter dem Grill bräunen. Dazu einen Salat reichen.

Tipp:
Ob Sie nun feine oder grobe Leberwurst für den Belag wählen, ist Geschmackssache. Die Möglichkeiten, das Abendbrot mit geschmolzenen Käsesorten und unterschiedlichen Broten zu genießen, setzen Ihrer Fantasie keine Grenzen. Lecker als Ergänzung sind auch Tomatenmark und frische Kräuter, die einen Hauch von Pizza hervorrufen.

Schweinesteaks
mit Käsebrotkruste

Steaks ergänzen gut das Klassische Raclette und sind sehr würzig auf dem heißen Stein zuzubereiten.

1. Für das Kompott die Pflaumen gut waschen, vierteln und entsteinen. Die Viertel nochmals teilen. Den Zucker in einem Stieltopf karamellisieren, die Früchte hinzugeben und sofort mit Port- und Weißwein ablöschen. Alles etwa 3 Minuten sprudelnd kochen lassen. Damit die Fruchtstücke bissfest bleiben, diese aus dem Sud nehmen und beiseitestellen. Den Saft einreduzieren und mit der Butter abbinden. Die Sauce nicht mehr aufkochen lassen und die Früchte hinzugeben. Die Nussmischung in einer Pfanne anrösten und unter das Kompott heben.

2. Für die Käsebrotkruste den Emmentaler reiben. Die Schalotten schälen und fein hacken, die Petersilie ebenfalls fein hacken. Die Butter schaumig schlagen und mit Brotkrumen, Petersilie und Schalotten vermengen. Mit Salz und Pfeffer würzen.

3. Das Raclettegerät anheizen. Die Schweinesteaks in für die Pfännchen passende Stücke schneiden. Sie können aber auch gewürfelt oder in Streifen geschnitten werden. Mit Öl beidseitig bestreichen, mit Salz und Pfeffer würzen und von beiden Seiten auf der Grillplatte anbraten.

4. Die angebratenen Steaks in die Pfännchen legen und die Brotmasse auf dem Fleisch verteilen, leicht andrücken. Die Pfännchen unter den Grill stellen, bis die Kruste goldbraun gebacken ist.

Tipp:
Die Schweinesteaks lassen sich gut zusammen mit den Gemüse-Chips (s. S. 18) und der Kartoffel-Tortilla (s. S. 24) servieren.

**Zutaten
für 4 Personen**

4 Schweinenackensteaks
1 EL Öl, zum Braten
Salz und Pfeffer

Für die Käsebrotkruste:

60 g Emmentaler
2 kleine Schalotten
1 kleines Bund frische
   Petersilie
40 g weiche Butter
100 g feine Brotkrumen
Salz und Pfeffer

Für das Kompott:

8 gelbe Pflaumen
3 EL Zucker
80 ml Portwein
100 ml Weißwein
1 EL Butter
150 g Nussmischung
   (Erdnüsse, Paranusskerne,
   Cashewkerne, Mandelkerne)

Lammfrikadellen
mit Blauschimmelkäse

Als griechischer Klassiker ein unverzichtbarer Bestandteil des Mediterranen Raclettes!

Zutaten
für 4 Personen

1 trockenes Brötchen
80 ml lauwarme Milch
500 g Lammhackfleisch
2 Schalotten
2 Knoblauchzehen
2 frische Zweige Thymian
2 TL Senf
1 Ei
Salz und Pfeffer
1 Prise Kümmelpulver
1 Prise Paprikapulver
Butterschmalz,
    zum Braten
150 g Blauschimmelkäse

Beilage:
geröstetes Brot (s. S. 46)

1. Das trockene Brötchen in kleine Würfel schneiden, die Milch darübergießen, beiseitestellen und etwa 10 Minuten einweichen lassen. Die Brötchenmasse gut ausdrücken und zum Hackfleisch geben.

2. Schalotten und Knoblauch schälen und klein hacken. Den Thymian ebenfalls klein hacken und alles zusammen mit Senf und Ei zum Hackfleisch geben. Das Ganze gut mit den Händen vermengen.

3. Die Hackfleischmasse mit Salz, Pfeffer, Kümmel- und Paprikapuler würzen. Dann kleine Frikadellen formen.

4. Das Raclettegerät anheizen. Etwas Butterschmalz auf der Grillplatte erhitzen und die Frikadellen etwa 10 Minuten von beiden Seiten braten.

5. Die fertigen Frikadellen in die Pfännchen legen. Den Blauschimmelkäse in feine Scheiben schneiden und darübergeben. Das Pfännchen unter den Grill stellen und den Käse schmelzen lassen. Dazu geröstetes Brot reichen.

Tipp:
Die Lammfrikadellen schmecken sehr gut mit Gemüse-Chips (s. S. 18), Kartoffel-Tortilla (s. S. 24) oder Paprika-Auberginen-Gemüse (s. S. 22).

Entenbrust mit Schmortomaten & Camembert

Ein Hauch von Asien und ein ideales Gericht für den Exotischen Raclette-Abend.

1. Für die Schmortomaten die Tomaten gut waschen, mit Olivenöl, Rosmarinzweigen, Salz, Zucker, etwas Pfeffer und dem ausgekratzen Mark der Vanillestange vermengen und in eine Auflaufform geben. Das Ganze etwa 1 Stunde bei 160 °C im Backofen garen. Nach Ende der Garzeit noch mal abschmecken.

2. Das Raclettegerät anheizen. Die Entenbrust auf der Hautseite rautenförmig einschneiden. Rundum mit Meersalz und Pfeffer würzen und auf die heiße Grillplatte legen. Erst mit der Hautseite nach unten scharf anbraten. Je nach Größe der Entenbrust nach etwa 10 Minuten wenden und nochmals auf der Fleischseite 5 Minuten anbraten. Vom Grill nehmen, in Alufolie einwickeln und ruhen lassen. Die Entenbrust sollte im Gegensatz zu anderem Geflügel etwas rosa sein.

3. In dem verbliebenen Fett kann man jetzt die Brotscheiben beidseitig rösten.

4. Die Entenbrust in Scheiben schneiden und diese in die Pfännchen legen. Den Camembert in Scheiben schneiden und über die Entenbrust verteilen. Das Pfännchen unter den Grill schieben und den Käse schmelzen lassen.

Tipp:
Von den Schmortomaten kann man eine größere Menge zubereiten: Sie halten sich in einem Einmachglas einige Tage.

Zutaten
für 4 Personen

1 Entenbrust
Meersalz und Pfeffer
200 g Camembert

Für die Schmortomaten:
400 g gelbe Cocktailtomaten
50 ml Olivenöl
4 frische Zweige Rosmarin
1 TL Salz
1 EL Zucker
Pfeffer
Mark von 1 Vanillestange

Beilage:
geröstetes Brot (s. S. 46)

Curryhuhn, Ananas-Chutney & Korianderpesto

Für einen Exotischen Raclette-Abend auf der Grillplatte oder dem heißen Stein.

Zutaten
für 4 Personen

400 g Hähnchenbrustfilet
1 EL Öl, plus etwas mehr
  zum Rösten
1 EL Curry
1 TL Chilipulver
2 Knoblauchzehen, gehackt
Salz
2 kleine rote Zwiebeln
1 EL Mandelblättchen

Für das Ananas-Chutney:

½ Ananas, nicht zu reif
1 Zwiebel
1 Chili
1 EL frisch geriebene
  Ingwerwurzel
Öl, zum Anbraten
50 ml Rum
100 g brauner Zucker
100 ml Apfelessig
1 EL Rosinen

Für das Korianderpesto:

1 Bund frischer Koriander
2 Knoblauchzehen
100 g geschälte Mandeln
100 g Olivenöl
50 g Parmesan
Salz und Pfeffer

1. Die Hähnchenbrustfilets kalt abspülen, gut abtupfen und in Würfel schneiden. Die Knoblauchzehen schälen und fein hacken. Öl, Curry, Chilipulver, Knoblauch und Salz in einer Schüssel mischen. Die Hähnchenfiletstücke zugeben und darin marinieren.

2. Für das Chutney die Ananas schälen, dabei sorgfältig die Augen und den Strunk entfernen. Die Ananas in kleine Stückchen schneiden. Die Zwiebel schälen und fein würfeln. Die Chili entkernen und klein hacken. Zwiebel, Chili und Ingwer in etwas Öl anbraten. Ananasstücke, Rum, braunen Zucker, Apfelessig und Rosinen hinzufügen und unter ständigem Rühren etwa 15 Minuten leicht köcheln lassen, bis der Saft eingedickt ist.

3. Für das Pesto den Koriander waschen und klein schneiden, die Knoblauchzehen schälen und klein hacken. Den Parmesan reiben. Alle Zutaten miteinander vermischen und im Mixer zerkleinern. Mit Salz und Pfeffer abschmecken.

4. Das Raclettegerät anheizen. Das marinierte Hähnchenfleisch auf die Grillplatte legen und von allen Seiten braten. Die roten Zwiebeln schälen und in sehr feine Ringe schneiden. Die Mandelblättchen in etwas Öl rösten.

5. Die gebratenen Curryhuhnwürfel mit Chutney, Pesto, Mandeln und den Zwiebelringen servieren.

Tipp:

In den Pfännchen können Sie zusätzlich Gouda schmelzen und ihn über das fertige Curryhuhn schaben.

Garnelen & Pfeffersauce

Garnelen auf der Grillplatte oder dem heißen Stein – ein schöner und leckerer Anblick.

1. Die Garnelen kalt abspülen und trocken tupfen. Wenn man sie nicht im Ganzen braten möchte, schälen und den Darmfaden entfernen.

2. Für die Pfeffersauce die Zwiebel schälen und würfeln. Die Knoblauchzehe schälen und grob hacken. Beides in etwas Sonnenblumenöl in der Pfanne anschwitzen. Wenn die Zwiebelstücke glasig sind, den Cognac hinzugeben und flambieren. 5 Minuten bei hoher Hitze einkochen lassen. Den Fischfond hinzugeben und nochmals 5 Minuten einkochen lassen.

3. Anschließend grünen Pfeffer sowie Crème fraîche in die Sauce einrühren und nochmals kurz aufkochen lassen. Mit Salz und Pfeffer abschmecken.

4. Das Raclettegerät anheizen. Die Garnelen rundum mit Öl bestreichen. Mit Salz und Pfeffer würzen. Die Zitrone in Scheiben schneiden und zusammen mit Rosmarin und Garnelen auf der Grillplatte rösten.

5. Für ein besonderes Aroma Garnelen und Pfeffersauce mit dem Saft der angebratenen Zitrone beträufeln und mit geröstetem Brot und Salat servieren.

Tipp:
Die Garnelen lassen sich für ein Exotisches Raclette-Menü sehr gut mit Gemüse-Chips (s. S. 18) oder Exotischem Gemüse (s. S. 30) kombinieren.

Zutaten für 4 Personen

16 rohe Garnelen
Öl, zum Bestreichen
1 Zitrone
1 frischer Zweig Rosmarin

Für die Pfeffersauce:

1 große Zwiebel
1 Knoblauchzehe
Sonnenblumenöl, zum Braten
200 ml Cognac oder Weinbrand
100 ml Fischfond
2 EL eingelegter grüner Pfeffer
100 g Crème fraîche
Salz und Pfeffer

Beilage:

geröstetes Brot (s. S. 46)
Tomatensalat (s. S. 88)

Lachsforelle
& Artischocken

Das passende Fischgericht für einen Mediterranen Raclette-Abend.

Zutaten
für 4 Personen

4 Artischocken à 400 g
4 Zitronenscheiben
800 g Lachsforelle
Salz und Pfeffer
Öl, zum Bestreichen
2 EL Zitronensaft
1 EL Butter

Für den Quark-Dip:
1 kleines Bund frischer Dill
150 g Quark
150 g Sauerrahm
Saft und abgeriebene
   Schale von 1 Zitrone
Salz und Pfeffer

Beilage:
geröstetes Brot (s. S. 46)
Gurkensalat (s. S. 89)

1. Entfernen Sie mit einem Messer zuerst die Spitzen der äußeren Artischockenblätter. Dann den Stiel kürzen und die Spitze der Artischocke beschneiden. Jetzt rundum von unten nach oben die harten Blätter entfernen und die Artischocke vierteln. Zum Schluss mit einem kleinen Messer das Heu aus den Vierteln entfernen. Die Zitronenscheiben in eine Schüssel mit Wasser geben und die geputzten Artischockenviertel hineinlegen, damit sie nicht braun werden.

2. Für den Dip den Dill waschen und fein schneiden. Quark, Sauerrahm und Zitronensaft miteinander verrühren. Falls der Quark zu fest ist, etwas Mineralwasser unterrühren. Den Dill hinzugeben und mit Salz und Pfeffer abschmecken.

3. Die Lachsforelle kalt abspülen und an der Bauchseite aufschneiden. Wenn nötig, ausnehmen, die Gräten entfernen und das Fleisch in Stücke schneiden. Die Lachsforellenstücke mit Salz, Pfeffer und Zitronensaft würzen.

4. Das Raclettegerät anheizen. Die Artischockenviertel mit Olivenöl bestreichen und auf der Grillplatte von beiden Seiten anrösten.

5. In die Pfännchen Butter und Fischstücke geben und je nach Größe für etwa 7 Minuten unter den Grill schieben. Alternativ kann man die Lachsforellenstücke auch auf der Grillplatte zubereiten.

6. Auf einem vorgewärmten Teller die Lachsstücke mit den Artischockenvierteln anrichten, dazu schmeckt Gurkensalat und Brot, das auf der Grillplatte geröstet wurde.

Rösti mit dreierlei Käse & Lachs

Rösti mit unterschiedlichen Käsesorten ist eines der beliebtesten Kindergerichte.

1. Die Kartoffeln schälen und grob raspeln. Die Zwiebel schälen und würfeln. Die geraspelten Kartoffeln mit Muskat, Salz und Pfeffer vermengen und 5 Minuten ziehen lassen. Den austretenden Saft der Masse mithilfe eines Küchentuchs gut ausdrücken. Anschließend die gewürfelte Zwiebel zugeben.

2. Das Raclettegerät anheizen. Die Röstimasse portionsweise in kleinen Fladen auf der Grillplatte in etwas Butterschmalz beidseitig 8–10 Minuten goldbraun braten.

3. Den Käse in Scheiben schneiden. Die fertigen Rösti in die Pfännchen geben, nach Belieben je eine Scheibe Raclette-Käse, Cheddar oder Camembert darübergeben und die Pfännchen unter den Grill stellen, bis der Käse geschmolzen ist.

4. Mit Lachsscheiben auf dem Teller anrichten. Dazu einen Salat, zum Beispiel Tomatensalat, und Kräuterquark servieren.

Tipp:
Statt Lachs können Sie auch Preiselbeermarmelade dazu essen. Dieses Gericht eignet sich gut für ein Kinder-Raclette, passt aber auch zu anderen Raclettegerichten, wie Rührei (s. S. 48) oder Gefüllte Champignons (s. S. 28).

Zutaten für 4 Personen

600 g mehlig kochende Kartoffeln
1 Zwiebel
1 Prise frisch geriebene Muskatnuss
Salz und Pfeffer
Butterschmalz, zum Braten
100 g Raclette-Käse
100 g Cheddar
100 g Camembert
300 g geräucherter Lachs, in Scheiben

Beilage:
Tomatensalat (s. S. 88)
Kräuterquark (s. S. 89)

Lachswürfel im Sesammantel auf Asia-Salat

Dieses typische asiatische Gericht sollte fester Bestandteil des Exotischen Raclette-Menüs sein.

Zutaten
für 4 Personen

800 g Lachsfilet
Saft von 1 Limette
Salz und Pfeffer
2 rote Chilies
6 EL weiße Sesamsaat
Öl, zum Braten

Für den Asia-Salat:

250 g feine Reisnudeln
100 g Chinakohl
1 rote Paprika
100 g Zuckererbsen
50 g Babymaiskolben
100 g Bohnensprossen
1 Selleriestange
1 Knoblauchzehe
1 rote Chili
Saft von 2 Limetten
4 EL Sesamöl
4 EL Sojasauce
1 TL brauner Zucker
1 TL frisch geriebene
   Ingwerwurzel

Beilage:

geröstetes Brot (s. S. 46)
Limettenmayonnaise (s. S. 91)

1. Die Lachsfilets waschen, trocken tupfen und in 2 cm dicke Streifen oder Würfel schneiden. Mit Limettensaft, Salz und Pfeffer würzen. Die Chilis entkernen und klein hacken. Den Sesam mit den Chilis vermengen und die Lachsstücke darin wenden.

2. Für den Asia-Salat die Reisnudeln laut Packungsangaben zubereiten. Alle Gemüse-Zutaten gründlich säubern und waschen. Chinakohl, Paprika, Zuckererbsen und Stangensellerie in feine Streifen schneiden, den Babymais halbieren. Alles zusammen mit den Sprossen in einer Schüssel vermengen.

3. Die Knoblauchzehe schälen und fein hacken. Die Chili entkernen und klein hacken. Limettensaft, Sesamöl, Sojasauce, braunen Zucker, Ingwer, Knoblauch und Chili zu einem Dressing verrühren und über das Salatgemüse geben. Eventuell noch mal nachwürzen.

4. Das Raclettegerät anheizen und die Grillplatte mit etwas Öl bestreichen. Die marinierten Lachsstücke auf der Grillplatte von allen Seiten anbraten. Zusammen mit dem Asia-Salat auf Tellern anrichten. Dazu passt geröstetes Brot und Limettenmayonnaise.

Tipp:
Schmeckt hervorragend in Kombination mit dem Exotischen Gemüse (s. S. 30) oder mit Gemüse-Chips (s. S. 18).

Gratinierte Kabeljaufilet-Würfel

Die vielfältig verwendbare Pellkartoffel wird hier zur Bratkartoffel.

1. Das Raclettegerät anheizen. Die Kartoffeln waschen und mit der Schale etwa 20 Minuten in Salzwasser kochen. Danach geschält oder ungeschält auf der Grillplatte des Raclettegrills abgedeckt warm halten.

2. Den Meeresspargel waschen und kurz in nicht gesalzenem Wasser blanchieren.

3. Den Gouda reiben. Den Frischkäse mit Meerrettich und Gouda verrühren. Mit etwas Salz und Pfeffer würzen.

4. Die Fischfilets in Stücke schneiden. Mit Salz, Pfeffer und Zitronensaft würzen. Etwas Butter in die Pfännchen geben und kurz auf die Grillplatte stellen, damit die Butter schmilzt.

5. Die Pfännchen von der Grillplatte nehmen, die Fischstücke mit dem Meeresspargel auf die Pfännchen verteilen und mit dem Weißwein beträufeln. Die Frischkäsemischung auf die Fischstücke verteilen und unter den Grill stellen, bis diese überbacken sind.

6. In der Zwischenzeit die Kartoffeln in Scheiben schneiden. Auf der Grillplatte etwas Öl verstreichen und die Kartoffelscheiben von beiden Seiten rösten. Die Kartoffelscheiben mit Salz und Pfeffer würzen und mit dem Fisch servieren.

Tipp:
Die Kabeljaufilet-Würfel ergänzen sehr gut das Klassische Raclette (s. S. 14).

Zutaten
für 4 Personen

400 g Kartoffeln
100 g Meeresspargel (Queller)
100 g Gouda
250 g Frischkäse
4 TL Meerrettich
   aus dem Glas
Salz und Pfeffer
500 g Kabeljaufilet
Saft von ½ Zitrone
Butter, zum Braten
50 ml Weißwein
Öl, zum Braten

Fischstäbchen-Raclette

Schnell und einfach lecker ... für Kinder eine beliebte Ergänzung zum Klassischen Raclette.

Zutaten
für 4 Personen

360 g Fischstäbchen (12 Stück),
  Tiefkühlware aufgetaut
Öl, zum Braten
8 Scheiben Toastbrot
1 EL Butter
150 g Raclette-Käse
2 Zitronen,
  in Spalten geschnitten

Für die Remouladensauce:

1 Ei
1 große Gewürzgurke
1 kleine Zwiebel
1 EL Kapern
50 g frische Petersilie
300 ml Mayonnaise
4 EL Naturjoghurt
2 EL Gewürzgurkenwasser
Salz und Pfeffer

1. Für die Remouladensauce das Ei hart kochen (8–10 Minuten).Ei, Gewürzgurke, Zwiebel, Kapern und Petersilie klein hacken. Die Mayonnaise mit dem Joghurt verrühren, alle Zutaten sowie das Gurkenwasser unterrühren und mit Pfeffer und etwas Salz abschmecken.

2. Das Raclettegerät anheizen. Die Grillplatte mit Öl einstreichen und die aufgetauten Fischstäbchen auf der Platte beidseitig anbraten.

3. Die Toastbrotscheiben mit der Butter bestreichen und auf der Grillplatte beidseitig rösten.

4. Den gerösteten Toast mit der Remouladensauce großzügig bestreichen und mit den Fischstäbchen belegen.

5. Den Käse in Scheiben schneiden. In die Pfännchen die Käsescheiben geben und unter dem Grill schmelzen lassen. Mit dem Holzspatel den geschmolzenen Käse aus den Pfännchen über die Fischstäbchen schaben. Mit Zitronenspalten servieren und die Remoulade dazu reichen.

Tipp:
Wenn Sie ein Kinder-Raclette zusammenstellen möchten, sollten die Fischstäbchen nicht fehlen (s. S. 93).

Früchte:
herzhaft & süß

Die beliebte Kombination von Käse und Obst – die
fruchtige Süße zu einem Roquefort oder Weintrauben
zu Emmentaler – auch beim Raclette können Sie
wunderbar alles miteinander genießen ...
Wenn Kinder mitessen, bitte statt des Alkohols
Säfte verwenden.

Calvados-Apfel
& Camembert

Einfach und köstlich: die Kombination von Obst und Käse!

Zutaten
für 4 Personen

4 säuerliche Äpfel
Saft von ½ Zitrone
80 ml Calvados
2 EL Butter,
  zum Braten
4 EL Preiselbeermarmelade
150 g Camembert

Beilage:
geröstetes Roggenbrot (s. S. 50)

1. Die Äpfel gut waschen, entkernen und in 1 cm dicke Scheiben schneiden. Damit sie nicht bräunen, die Scheiben beidseitig mit dem Zitronensaft beträufeln.

2. Die Apfelscheiben im Calvados etwa 30–45 Minuten marinieren. Das Raclettegerät anheizen. Die marinierten Apfelscheiben mit der Butter auf der Grillplatte von beiden Seiten rösten, bis sie etwas angebräunt sind.

3. Je 2–3 Scheiben in ein Pfännchen legen und mit etwas Preiselbeermarmelade beträufeln. Den Camembert in Scheiben schneiden und je 2–3 Camembertscheiben darübergeben. Unter den Grill stellen und gratinieren. Mit geröstetem Roggenbrot servieren.

Tipp:
Man kann statt der Apfelscheiben auch Birnen nehmen und statt des Calvados einen anderen Likör verwenden. Wenn Kinder mitessen, sollte man mit Apfel- bzw. Birnensaft marinieren und einen milderen Käse zum Überbacken anbieten.
Das Gericht eignet sich gut als fruchtiger Abschluss des Mediterranen Raclette-Abends (s. S. 94).

Ananas
mit Minzepesto

Exotisch und erfrischend.

1. Die Ananas schälen und in halbe Ringe schneiden, dabei sorgfältig Augen und Strunk entfernen.

2. Für das Minzepesto die Minzeblätter von den Stielen zupfen und mit allen Zutaten im Mixer pürieren.

3. Das Eigelb mit dem Zucker über dem heißen Wasserbad cremig rühren, vom Wasserbad nehmen und weiterrühren. Die Sahne steif schlagen und unterheben.

4. Das Raclettegerät anheizen. Die Kokosraspel auf die Pfännchen verteilen und unter dem Grill bräunen. Mit dem Holzspatel die Kokosraspel ab und an auflockern.

5. Die Ananasstücke auf der Grillplatte beidseitig anbraten. Die Stücke in die Pfännchen legen, mit der Sahne-Eimasse überziehen und 5–7 Minuten unter dem Grill überbacken.

6. Gegrillte Ananas mit dem Minzepesto servieren und mit den Kokosraspeln bestreuen.

**Zutaten
für 4 Personen**

1 Ananas
3 Eigelb
4 EL Zucker
150 g Sahne
80 g Kokosraspel

Für das Minzepesto:
2 Bund frische Minze
2 EL brauner Zucker
2 EL geschälte Pistazien
100 ml Olivenöl
Saft und abgeriebene
   Schale von 1 Orange

Birne & Schokolade

Eine süße Raclettevariante für alle Schleckermäulchen – auch als Dessert gut geeignet.

Zutaten
für 4 Personen

4 Bartlett-Birnen
    oder Dosenbirnen
4 EL Butter, plus etwas
    mehr zum Rösten
200 g Mascarpone

Für die Schokoladensauce:

125 g dunkle Kuvertüre
    oder Blockschokolade
3 EL Wasser
1 Tütchen Vanillezucker
2 EL Sahne
1 EL Butter

Beilage:

Quarkbällchen oder
    süßes Gebäck

1. Für die Sauce die Schokolade in Stücke brecher und mit Wasser und Vanillezucker 2–3 Minuten unter ständigem Rühren aufkochen. Sahne und Butter unterrühren.

2. Die Birnen gut waschen und der Länge nach vierteln. Wer mag, kann die Kerngehäuse entfernen.

3. Das Raclettegerät anheizen. Die Birnenviertel von allen Seiten mit etwas Butter bestreichen und auf der heißen Grillplatte vorrösten.

4. In den Pfännchen jeweils ein Stück Butter verstreichen, darauf die Birnenstücke legen, mit Butterflocken bestreuen und unter dem Grill fertig garen.

5. Auf einem Servierteller die Mascarpone verteilen, darauf die heißen Birnenstücke legen und alles mit der lauwarmen Schokoladensauce beträufeln. Dazu passen Quarkbällchen oder auch anderes Süßgebäck.

Tipp:

Die Schokoladensauce kann mit einem Schuss Likör oder Rum verfeinert werden. Sie schmeckt außerdem sehr gut zu Orangen-Crêpes (s. S. 82) und sollte (natürlich ohne Alkohol) bei einem süßen Kinder-Raclette nicht fehlen (s. S. 93).

Bananen mit Rum-Rosinen & Ricotta-Creme

Wenn Kinder mitessen, die Rosinen einfach in Apfelsaft einkochen statt in Rum.

1. Für die Rum-Rosinen den Zucker in einer Pfanne karamellisieren, mit dem Rum ablöschen und unter ständigem Kochen reduzieren. Die Vanillestangen halbieren und das Mark auskratzen. Das Mark mit den Rosinen zur Zucker-Rum-Mischung geben. Solange kochen, bis der Sirup dickflüssig vom Löffel tropft.

2. Das Raclettegerät anheizen. Die Bananen schälen und in kleine Stücke schneiden. Die Bananenstücke mit etwas Puderzucker bestreuen und auf der Grillplatte in Butter leicht anbraten. Die Mandelblättchen ebenfalls leicht anrösten.

3. Für die Creme den Ricotta mit Eigelb, Zucker und Mehl glatt rühren und mit Zitronenschale und -saft abschmecken.

4. Die Pfännchen gut ausbuttern und etwas von der Ricottamasse in die Pfännchen füllen. Die gebratenen Bananenstücke in die Ricottamasse geben und die restliche Masse darübergießen.

5. Die gefüllten Pfännchen für etwa 5 Minuten auf die Grillplatte stellen, damit die Masse von unten stocken kann, dann für weitere 10 Minuten unter dem Grill überbacken. Darauf achten, dass die Bananenstücke nicht zu braun werden.

6. Die Rum-Rosinen auf den Bananenauflauf im Pfännchen verteilen, mit Puderzucker und Mandelblättchen bestreuen und mit dem Sirup der Rum-Rosinen beträufeln.

Zutaten
für 4 Personen

4 Bananen
Puderzucker,
    zum Bestäuben
30 g Butter, zum Braten
    und Einfetten
20 g Mandelblättchen

Für die Ricotta-Creme:
250 g Ricotta
2 Eigelb
60 g Zucker
1 EL Mehl
Saft und abgeriebene
    Schale von 1 Zitrone

Für die Rum-Rosinen:
100 g Zucker
300 ml Rum
2 Vanillestangen
50 g Rosinen

Crêpes & marinierte Orangen

Eine fruchtig-süße Raclettevariante für die sonntägliche Kaffeetafel.

Zutaten
für 4 Personen

4 Bio-Orangen
2 EL brauner Zucker
40 ml Cointreau
Butter, zum Braten

Für die Crêpes:
250 g Mehl
500 ml Milch, bei Bedarf
   etwas mehr
3 Eier
1 Prise Salz
Butter, zum Braten
20 g Mandelblättchen
Puderzucker, zum Bestreuen

1. Für die Crêpes Mehl, Milch Eier und Salz in einer Schüssel mit einem Handrührgerät vermischen, der Teig sollte leicht flüssig sein. Den Teig 1 Stunde ruhen lassen.

2. Während der Teig ruht, die Orangen vorbereiten. Von 2 Orangen 2 Teelöffel Orangenzesten abreiben und beiseitestellen. Diese Orangen dann schälen und filetieren. Die beiden anderen Orangen auspressen.

3. In einer Pfanne den Zucker karamellisieren und mit dem Cointreau ablöschen. Mit dem Orangensaft auffüllen und einreduzieren. Die Orangenzesten hinzufügen und die Orangenspalten in den eingedickten Sud geben und beiseitestellen.

4. Den Teig gut umrühren. Falls er zu zähflüssig ist, noch etwas Milch hinzugeben.

5. Das Raclettegerät anheizen. Den Teig portionsweise mit Butter auf der heißen Grillplatte zubereiten – die Crêpes sollten auf beiden Seiten leicht goldbraun sein (sie können auch in einer Pfanne vorbereitet werden). Die Mandelblättchen anrösten.

6. Die fertigen Crêpes mit der Orangensauce in das Pfännchen geben und unter dem Grill wärmen. Mit Puderzucker und Mandelbättchen servieren.

Tipp:
Crêpes sind ideal für ein süßes Kinder-Raclette (s. S. 93): anstelle des Cointreaus dann Orangensaft zum Reduzieren verwenden.

Beeren-Baiser
-Schnitten

Ein leckeres Gericht für die Sommer-Kaffeetafel und als Dessert beim Kinder-Raclette.

1. Die Beeren verlesen, waschen, abtropfen lassen und in einer Schüssel mischen.

2. Den Buiskuitboden für die Pfännchen passend zurechtschneiden. In die Pfännchen legen und mit dem Mascarpone bestreichen.

3. Für das Baiser Eiweiß, Salz und Zucker mit dem Handrührgerät zur einer festen Eischneemasse schlagen.

4. Das Raclettegerät anheizen. Auf den bestrichenen Buiskuitböden die Beeren verteilen, den Eischnee darübergeben, mit etwas Zucker bestreuen und unter den Grill schieben.

5. Wenn der Eischnee leicht gebräunt ist, sind die Beeren-Baiser-Schnitten fertig. Mit den gehackten Pistazien bestreuen und servieren.

Tipp:
Sie können statt Mascarpone auch etwas Likör auf den Biskuit träufeln. Natürlich lassen sich auch Stachelbeeren oder anderes Obst je nach Belieben verwenden. Auch karamellisierte Apfelscheiben oder einfach nur Obst ohne Buiskuitboden kann man mit Baiser überbacken – für alle, die nur den Belag eines Kuchens lieben, ein Hochgenuss.

Zutaten
für 4 Personen

100 g Blaubeeren
100 g Himbeeren
100 g Brombeeren
100 g Rote Johannisbeeren
1 Buiskuitboden
100 g Mascarpone
20 g gehackte Pistazien

Für das Baiser:
2 Eiweiß
1 Prise Salz
100 g Zucker, plus etwas
   mehr zum Bestreuen

Beilagen
&
Themenabende

Ein Raclette-Essen bietet sich auch an, um die Reste, die am Tag zuvor angefallen sind, zu verwerten. Da dann schon vieles vorbereitet ist, ist der Aufwand geringer. Mit Käse überbacken oder mit einer zusätzlichen Beilage oder einem Dip lässt sich schnell ein neues Menü kreieren. Oder Sie kombinieren unterschiedliche Gerichte zu einem thematischen Raclette-Essen – viel Spaß!

Salate & Dips

Tomatensalat:

4 Tomaten (ca. 400 g)
1 kleine Zwiebel
1 Bund frischer Schnittlauch
4 EL Weißwein- oder
    Balsamico-Essig
Salz, Pfeffer und Zucker
4 EL Öl

1. Die Tomaten waschen, in Scheiben schneiden und die Strünke entfernen.

2. Die Zwiebel schälen und fein würfeln. Den Schnittlauch klein schneiden.

3. Für das Dressing Essig, Salz, Pfeffer, etwas Zucker und Öl verrühren.

4. Die Tomatenscheiben auf Tellern anrichten. Das Dressing darüberträufeln.

Feldsalat mit Croûtons:

200 g Feldsalat
2 Scheiben Roggen- oder
    Schwarzbrot
1 EL Butter
2 kleine Zwiebeln
2 EL Weißwein-Essig
1 EL Himbeer-Essig
2 EL Walnussöl
Salz und Pfeffer

1. Den Feldsalat verlesen und gut waschen. Trocken schleudern und in eine Schüssel geben.

2. Das Brot in kleine Würfel schneiden und in einer Pfanne mit der Butter anrösten.

3. Die Zwiebeln schälen und sehr klein hacken. Mit Essig und Walnussöl zu einem Dressing verrühren, mit Salz und Pfeffer abschmecken.

4. Croûtons und Dressing erst kurz vor dem Verzehr über den Salat geben.

Brunnenkressesalat:

250 g Brunnenkresse
2 Frühlingszwiebeln
4 EL Sonnenblumenöl
Saft von 1 Zitrone
Salz und weißer Pfeffer

1. Die Brunnenkresse verlesen und unter kaltem Wasser vorsichtig abspülen. Trocken schleudern, die Blättchen abzupfen und auf Teller verteilen.

2. Die Frühlingszwiebeln klein schneiden und über die Brunnenkresse streuen.

3. Für das Dressing Sonnenblumenöl, Zitronensaft, Salz und Pfeffer miteinander vermischen.

4. Das Dressing erst kurz vor dem Verzehr über den Salat träufeln.

Gemischter Salat:
4 Tomaten (ca. 400 g)
1 Salatgurke
1 Kopfsalat
1 kleine Zwiebel
4 EL Weißwein-Essig
Salz und Pfeffer
1 Prise Zucker
4 EL Öl

1. Tomaten, Salatgurke und Salat waschen. Den Salat verlesen, waschen und trocken schleudern.

2. Tomaten und Gurke in Scheiben schneiden, die Salatblätter klein zupfen. Die Zwiebeln schälen und in kleine Würfel schneiden.

3. Für das Dressing Essig, Salz, Pfeffer, Zucker und Öl verrühren.

4. Den Salat auf Tellern anrichten und das Dressing darüberträufeln.

Gurkensalat:
1 große Salatgurke
1 Bund frischer Dill
2 EL Öl
Saft von 1 Zitrone
1 Prise Zucker
Salz und Pfeffer

1. Die Salatgurke schälen und in dünne Scheiben hobeln. Den Gurkensaft abgießen und die Gurkenscheiben in eine Salatschüssel geben.

2. Den Dill waschen und klein schneiden.

3. Öl und Zitronensaft mit dem Dill zu einem Dressing verrühren, mit Zucker, Salz und Pfeffer abschmecken, sodass es eine süß-saure Mischung ergibt.

4. Das Dressing über die Gurken gießen und gut vermengen.

Kräuterquark:
150 g Quark
150 g Sauerrahm
1 kleiner Bund frischer Dill, oder frische Kräuter nach Belieben
Saft und abgeriebene Schale von 1 Zitrone
Salz und Pfeffer

1. Quark und Sauerrahm miteinander verrühren. Falls die Quarkmasse zu dick ist, einen Schuss Mineralwasser hinzugeben.

2. Den Dill waschen und klein schneiden.

3. Den Dill mit Zitronenschale und -saft unter die Quarkmasse rühren und mit Salz und Pfeffer abschmecken.

Salate & Dips

Ananas-Chutney:

½ Ananas, nicht zu reif
1 Zwiebel
1 Chili
1 EL frisch geriebene
   Ingwerwurzel
Öl, zum Anbraten
50 ml Rum
100 g brauner Zucker
100 ml Apfelessig
1 EL Rosinen

1. Die Ananas schälen, dabei sorgfältig die Augen und den Strunk entfernen. Die Ananas in kleine Stückchen schneiden.

2. Die Zwiebel schälen und fein würfeln. Die Chili entkernen und klein hacken. Zwiebel, Chili und Ingwer in etwas Öl anbraten.

3. Ananasstücke, Rum, braunen Zucker, Apfelessig und Rosinen hinzufügen und unter ständigem Rühren etwa 15 Minuten köcheln lassen, bis der Saft eingedickt ist.

Tomaten-Salsa:

4 Tomaten
1 Chilischote
2 kleine Schalotten
3 Gewürzgurken
1 TL Honig
Saft von 1 Zitrone
Salz und Pfeffer

1. Die Tomaten in heißes Wasser legen. Nach etwa 10 Minuten herausnehmen und mit der Messerspitze die Tomatenhaut anritzen und häuten. Das Tomaten, halbieren, entkernen, würfeln und in einen Topf geben.

2. Die Chili entkernen, waschen und klein hacken. Die Schalotten schälen, mit den Gurken klein würfeln und zusammen mit der Chili zu den Tomaten geben.

3. Mit Honig, Zitronensaft, Salz und Pfeffer abschmecken und etwa 1½ Stunden einkochen.

Schmortomaten:

400 g gelbe Cocktailtomaten
50 ml Olivenöl
4 frische Zweige Rosmarin
1 TL Salz
1 EL Zucker
Pfeffer
Mark von 1 Vanillestange

1. Die Tomaten gut waschen, mit Olivenöl, Rosmarinzweigen, Salz, Zucker, etwas Pfeffer und dem ausgekratzten Mark der Vanillestange vermengen und in eine Auflaufform geben.

2. Das Ganze etwa 1 Stunde bei 160 °C im Backofen garen. Nach Ende der Garzeit noch mal abschmecken.

3. Die Schmortomaten können als Beilage lauwarm oder kalt serviert werden.

Curry-Dip:
2 EL Erdnüsse
1 Frühlingszwiebel
1 EL Rosinen
300 g Sahnejoghurt
Saft von ½ Limette
Salz und Pfeffer
1 TL Curry
1 Msp. Chilipulver
1 Msp. gemahlener
    Kreuzkümmel

1. Erdnüsse, Frühlingszwiebeln und Rosinen klein hacken.

2. Joghurt und Limettensaft miteinander verrühren und die klein gehackten Zutaten hinzufügen. Mit Salz, Pfeffer, Curry, Chilipulver und Kreuzkümmel abschmecken.

3. Vor dem Verzehr einige Stunden durchziehen lassen, damit sich die Aromen entfalten.

Für den Avocado-Dip:
2 vollreife Avocados
1 Tomate
2 Frühlingszwiebeln
Salz und Pfeffer
Saft von ½ Limette
1 EL Olivenöl

1. Die Avocados halbieren, den Kern entfernen und mit einem Löffel das Fruchtfleisch herauslösen. Das Fruchtfleisch mit einer Gabel zerdrücken.

2. Die Tomate waschen, halbieren, entkernen und in Würfel schneiden. Die Frühlingszwiebeln in feine Ringe schneiden.

3. Nun beides zur zerdrückten Avocado geben und mit Salz, Pfeffer, Limettensaft und Olivenöl abschmecken.

Limettenmayonnaise:
2 Eigelb
3 EL Limettensaft
1 TL Zucker
1 EL Sojasauce
200 ml Pflanzenöl
1 EL warmes Wasser
Salz und Pfeffer

1. Das Eigelb mit Limettensaft, Sojasauce und dem Zucker gut verrühren.

2. Das Pflanzenöl tröpfchenweise unter ständigem Rühren hineingeben. Sobald etwa die Hälfte des Öls untergemischt ist, kann das restliche Öl in stetigem Strahl hinzugefügt werden.

3. Das warme Wasser bis zur gewünschten Konsistenz unterrühren und mit Salz und Pfeffer abschmecken.

Exotisches Raclette

Für einen Exotischen Raclette-Abend lassen sich folgende Gerichte als Menü zusammenstellen:

Das sind die Rezepte:

Neben den dort angegebenen Beilagen zu empfehlen:
Geröstetes Brot (S. 46), Salat (S. 88/89), Asia-Salat (S. 66), Schmortomaten (S. 90), Curry-Dip (S. 91), Limettenmayonnaise (S. 91), Crêpes (S. 82)

Passende Getränke:
Joghurtgetränk, Tee, Weißwein, Wasser und exotische Säfte

Vorbereitungen:
1. Die Gemüse-Chips vorbereiten und in eine Schale legen, dazu den Käse portionieren.
2. Das Gemüse waschen und in Streifen schneiden
3. Die Ananas für das Chutney und die Nachspeise vorbereiten.
4. Den Joghurt-Dip, Ananas-Chutney, Korianderpesto und Minzepesto zubereiten.
5. Das Geflügel würfeln und marinieren.
6. Die Eiercreme für die Nachspeise vorbereiten und beiseitestellen (kühl).

Weitere Rezepte zum Kombinieren:

Kinder-Raclette

Für ein kindgerechtes Raclette-Essen lassen sich folgende Gerichte als Menü zusammenstellen:

Das sind die Rezepte:

Neben den dort angegebenen Beilagen zu empfehlen:
Geröstetes Brot (S. 46), Nudeln, Tacos (S. 16), Salat (S. 88/89),
Crêpes (S. 82), Schokoladensauce (S. 78), Avocado-Dip (S. 91),
Ketchup, Mixed Pickles

Passende Getränke:
Joghurtgetränk, Früchtetee, Wasser und Säfte

Vorbereitungen:

1. Die Gemüse-Chips vorbereiten und in eine Schale legen,
   dazu den Käse portionieren.
2. Die Maultaschen kurz köcheln und in Streifen schneiden.
3. Die Zwiebeln vorbereiten und Käse in Scheiben schneiden.
4. Die Fischstäbchen auftauen und die Remouladensauce
   zubereiten.
5. Die Beeren säubern und den Buiskuitboden zurechtschneiden.
6. Das Baiser zubereiten und beiseitestellen (kühl).

Weitere Rezepte zum Kombinieren:

Oder ein süßes Raclette-Essen am Nachmittag:

Mediterranes Raclette

Für einen Mediterranen Raclette-Abend lassen sich folgende Gerichte als Menü zusammenstellen:

Das sind die Rezepte:
S. 18   Bunte Gemüse-Chips mit Käse
S. 22   Paprika, Aubergine & Ziegenkäse
S. 54   Lammfrikadellen mit Blauschimmelkäse
S. 74   Calvados-Apfel & Camembert

Neben den dort angegebenen Beilagen zu empfehlen:
Kartoffeln, Brot, Tacos (S. 16), Salat (S. 88/89), Kräuterquark (S. 89), Tomaten-Salsa (S. 90), Avocado-Dip (S. 91), Pfeffer-sauce (S. 60), Crêpes (S. 82), Schokoladensauce (S. 78)

Passende Getränke:
Bier, Rot- oder Weißwein, Wasser und Säfte

Vorbereitungen:
1. Die Gemüse-Chips zubereiten und in eine Schale legen, dazu den Käse portionieren.
2. Das Gemüse waschen und in Streifen schneiden.
3. Die Vinaigrette zubereiten.
4. Die Lammfrikadellen formen.
5. Das Brot aufschneiden
6. Die Äpfel waschen, in Scheiben schneiden und in Calvados marinieren.

Weitere Rezepte zum Kombinieren:
S. 16   Tacos mit Tomaten-Salsa
S. 20   Blätterteig-Nester mediterran
S. 24   Überbackene Kartoffel-Tortilla
S. 26   Gratinierter Chicorée & Feigen
S. 36   Quesadillas mit Avocado-Dip
S. 42   Chorizo mit Aioli
S. 44   Hackfleisch-Kartoffel-Gratin
S. 60   Garnelen & Pfeffersauce
S. 62   Lachsforelle & Artischocken
S. 68   Gratinierte Kabeljaufilet-Würfel
S. 82   Crêpes & marinierte Orangen

Klassisches Raclette

Für einen Klassischen Raclette-Abend lassen sich folgende Gerichte als Menü zusammenstellen:

Das sind die Rezepte:

Neben den dort angegebenen Beilagen zu empfehlen:
Kartoffeln, Brot, Salat (S. 88/89), Hackfleischfüllung (S. 44), Chorizo (S. 42), Rührei (S. 49), Schmortomaten (S. 90), Kräuterquark (S. 89), Pfeffersauce (S. 60), Crêpes (S. 82)

Passende Getränke:
Tee, Bier, Weißwein, Wasser und Säfte

Vorbereitungen:

1. Die Kartoffeln vorbereiten und in einem Tuch oder einer Schüssel auf der Grillplatte warm halten.
2. Die Röstimasse zubereiten.
3. Die verschiedene Käsesorten aufschneiden.
4. Das Fleisch portionieren und kalt stellen.
5. Das Früchtekompott zubereiten und kalt stellen.
6. Die Birnen vorbereiten; damit sie nicht braun werden, mit Zitrone abreiben und beiseitestellen.
7. Die Schokoladensauce zubereiten und kalt stellen.

Weitere Rezepte zum Kombinieren:

Register